Magische
Prinzessinnen-Geschichten
für Erstleser

Der Bücherbär
Vorschule

Liebe Eltern,

jedes Kind ist anders. Manche Kinder kennen bereits alle Buchstaben in der Vorschule und können sie zu Wörtern formen. Andere lernen das Abc in der Schule. Für das spätere Leseverhalten ist es jedoch völlig unerheblich, wann die Kinder das Alphabet meistern. Wichtig aber ist der Spaß am Lesen – von Anfang an. Deshalb ist das Bücherbär-Erstleserprogramm konzeptionell auf die Fähigkeiten und Bedürfnisse der Kinder abgestimmt.

Dieses Buch richtet sich an Kinder im Vorschulalter. Die Hauptwörter wurden durch Bilder ersetzt, wodurch auch Kinder »mitlesen« können, die das Abc noch nicht gelernt haben. Das macht neugierig und Lust auf mehr. Zusätzlich regen Rätsel am Ende des Buches zum Gespräch über die Geschichte an. Denn Kinder, die viel Gelegenheit zum Sprechen haben, lernen auch schneller lesen.

Ihr Bücherbär

Empfohlen von *westermann*

Julia Boehme

Magische
Prinzessinnen-Geschichten
für Erstleser

Mit Bildern von Katharina Wieker

Ein Verlag in der **westermann** GRUPPE

Der Bücherbär
1. Auflage 2021
© 2021 Arena Verlag GmbH, Rottendorfer Straße 16, 97074 Würzburg
Dieser Sammelband ist bereits 2014 unter dem Titel „Die schönsten Erstlesegeschichten
mit der kleinen Prinzessin und dem blauen Pferd" erschienen. Er enthält die Einzeltitel:
„Die kleine Prinzessin und das blaue Pferd", „Die kleine Prinzessin und das blaue Pferd im
Drachenland" und „Die kleine Prinzessin und das blaue Pferd im Land der Riesen"
Alle Rechte vorbehalten

Text: Julia Boehme
Einband und Innenillustrationen: Katharina Wieker

Gesamtherstellung: Westermann Druck Zwickau GmbH
Printed in Germany

ISBN 978-3-401-71770-8
Besuche den Arena Verlag im Netz:
www.arena-verlag.de

Inhalt

Die kleine Prinzessin
und das blaue Pferd

Die kleine Prinzessin Filippina

wohnt mit ihrem alten Diener

in ihrem kunterbunten .

Lachend rennt sie durch den .

Sie singt und tanzt für die

und klettert auf die hohen .

Ihre blühen wunderschön,

und an den wachsen

goldene .

Am liebsten aber läuft

durch ihr großes

und schaut sich die an.

Es sind so viele, dass längst

noch nicht alle gesehen hat.

Nur der alte kennt alle

und erzählt ihr von klitzekleinen ,

singenden , wütenden

und verzauberten .

hört gut zu. Wie gerne würde sie

auch in die ziehen,

um das alles selbst zu sehen!

Wieder einmal schaut sich ihre vielen an.

Da entdeckt sie eins mit einem .

Plötzlich pocht ihr aufgeregt.

„Ob es das wirklich gibt?",

überlegt .

„Aber ja!", nickt der alte .

„Es lebte sogar einst in unserem .

Blau ist es wie das weite .

Auf der hat es einen goldenen .

Mit seinen goldenen

rennt es schneller als der .

Und noch etwas kann es."

Der alte flüstert fast. „Es kann fliegen!"

„Ehrlich?" macht große   .

„Und jetzt wohnt das

nicht mehr in unserem ?",

fragt sie traurig.

Der alte schüttelt den .

„Nein, die Hexe Maldita

hat das entführt

und zu ihrem geschleppt.

Doch als sie auf ihm reiten wollte,

hat das sie abgeworfen.

Immer und immer wieder.

Da hat die das

einfach zu verwandelt."

Der alte seufzt.

„Nur wenn der scheint,

wird das kurz lebendig.

Doch morgens, wenn die

aufgeht, erstarrt es wieder zu ."

„Wie furchtbar", ruft .

Der alte nickt. „Bis jetzt

hat sich noch keiner getraut,

das zu erlösen."

„Kann man es denn erlösen?", fragt .

„Ich denke schon", sagt der .

Da weiß auf einmal,

was sie zu tun hat.

„Ich werde das befreien",

sagt sie mutig.

„ ist gefährlich", warnt der .

„Egal", sagt . „Ich gehe!"

Der alte hat

in den , doch er lächelt.

„Nimm ein paar goldene mit",

sagt er und winkt ihr lange nach.

Der zur ist weit.

Wie gut, dass ihre festen trägt.

Mit ihren feinen wäre sie wohl nie

über die steilen gekommen!

Schließlich kommt

zu einem großen dunklen .

 schaut sich um. Merkwürdig!

Ganz still ist es hier im .

Es gibt weder noch

noch noch .

Nicht mal eine ist zu sehen.

Nur gibt es.

Ganz viele , große und kleine.

Mitten im steht das .

Daneben ist ein großes aus .

Es ist das !

 streichelt es sanft

über die harte, kalte .

rast aus dem .

„Was willst du hier?", ruft sie.

„Ich möchte das befreien",

antwortet tapfer.

lacht, dass ihre gelben wackeln.

„So einfach geht das nicht. Bring mir zuerst

einen goldenen !", sagt sie.

„Nichts leichter als das!"

 zieht einen goldenen

aus ihrem .

„Was?", ruft die .

Die auf ihrer langen

wird ganz grün. Doch das

rührt sich kein bisschen.

„Hex es frei!", ruft .

„Nein! Vorher musst du mich

zum Weinen bringen!"

 grinst hämisch.

So eine fiese !

schluckt.

Was kann sie schon machen?

Sie muss die zum Weinen bringen.

Nur wie?

überlegt angestrengt.

Der hat ihr doch so viel erzählt.

Und so erzählt sie von der armen ,

deren zerbrach,

sodass sie nie wieder hexen konnte.

„Wie grässlich!", schluchzt die .

Zwei dicke

kullern ihre entlang.

Dabei weinen sonst gar nicht.

Wie hat das nur geschafft?

Zornig wischt die

die weg. „Na gut.

Zweimal hast du gewonnen.

Aber das reicht nicht.

Erst wenn du mir einen ⭐

vom ☁️ holst,

ist das erlöst!"

kichert böse.

„Schaffst du es aber nicht,

verwandele ich dich auch

in einen !"

Nachts als der scheint

und die ersten aufblitzen,

geht in den hinaus.

Einen vom holen!

Wie soll sie das nur schaffen?

Vielleicht kann sie

auf einen klettern?

Doch welcher wächst schon

bis zum ?

kommen die .

Sie will nicht zu ⬭ verwandelt werden!

Plötzlich stupst sie jemand an.

Das steht hinter ihr.

Nachts wird es ja lebendig.

„Steig auf!", wiehert das .

„Zusammen schaffen wir es!"

springt auf und hält sich gut fest.

Schon fliegen sie los.

Sie fliegen über die .

Immer höher und höher.

Am vorbei, bis zu den .

„Halt!", ruft .

Sie beugt sich hinunter

und pflückt einen kleinen .

So wie man eine pflückt.

Dann schwebt das

mit ihr hinab zum .

springt ab und klopft an die .

 stolpert im heraus.

„Warum weckst du mich?", schreit sie.

Wild schwenkt sie ihren .

„Du willst wohl gleich

zu verzaubert werden!"

„Nein", sagt .

„Ich möchte dir nur etwas geben."

Sie hält der den entgegen.

Da knackt es auf einmal laut.

„NEIN!", schreit die .

Ihr ist zerbrochen.

„Jetzt kann ich nicht mehr hexen!",

heult die . „Nie, nie wieder!"

Auf einmal wimmelt der

von

und .

44

Sie waren alle von der zu

verzaubert worden. hat sie befreit.

Das wiehert ausgelassen.

Es ist für immer erlöst!

Glücklich singt und tanzt.

Und alle tanzen mit.

 kann ihnen nichts mehr anhaben!

„Willst du mit mir kommen?", fragt

das .

„Nichts lieber als das!", ruft es.

„Und wir?", fragen die .

„Wir wollen auch mit!", rufen die .

„Ja, unbedingt!" Die

hüpfen aufgeregt auf und ab.

„Klar! Kommt doch alle mit!", ruft .

Und so ziehen sie alle zusammen

zum kunterbunten zurück.

„Hurra!", ruft der alte ausgelassen,

als er seine wiedersieht.

Wie freut er sich über das ,

die bunten , die freundlichen ,

die frechen , die furchtlosen

und die tollkühn turnenden .

schaut sich immer noch

gerne ihre vielen an.

Noch lieber aber klettert sie

mit den auf die ,

tanzt mit den

und singt mit den .

Am allerliebsten aber reitet

auf dem

und fliegt mit ihm hoch bis zu den .

Die Wörter zu den Bildern:

Prinzessin Filippina

Diener

Schloss

Garten

Blume

Baum

Apfel

Bilder

Könige

Walrösser

Hexe

Meerjungfrauen

Welt		Augen	
blaues Pferd		Kopf	
Herz		Hexe Maldita	
Wald		Hexenhaus	
Meer		Stein	
Stirn		Mond	
Stern		Sonne	
Hufe		Tränen	
Blitz		Weg	

Stiefel

Mähne

Schuhe

Zähne

Berge

Rucksack

Vögel

Warze

Hasen

Nase

Rehe

Zauberstab

Eichhörnchen

Himmel

Tür

Ameise

Nachthemd

Füchse

Schmetterlinge

Die kleine Prinzessin und das blaue Pferd im Drachenland

Prinzessin Filippina wohnt in

einem kunterbunten .

Ihr alter Diener passt

auf sie auf – und sie auf ihn.

Im großen tummeln sich

 , , ,

und freundliche .

 flattern überall.

59

Und dann hat noch ein .

Aber es ist nicht irgendein !

Es ist blau wie das , und

auf der hat es einen goldenen .

Und es kann fliegen bis hoch zu den .

Sooft es geht, reitet mit ihrem

 los, um die zu entdecken.

Was sie da nicht alles erlebt!

Wieder einmal steigt auf ihr .

„Passt gut auf euch auf!", ruft der alte .

Er weiß, wie unerschrocken die beiden sind.

Aber da fliegt schon

auf ihrem mutigen

zwischen den entlang.

Mittags halten sie in einer ,

in der sie noch nie gewesen sind.

Langsam traben sie durch die

hinauf zum großen .

„Merkwürdig", murmelt ,

„alle sehen so traurig aus."

Nicht einmal die lachen.

Und am hängen schwarze .

 steigt ab und geht hinein.

Drinnen im weint jemand.

Es sind die und der .

„Was ist passiert?", fragt bestürzt.

„Der hat unseren

geschnappt und ist mit ihm davongeflogen."

Der schnieft in sein seidenes .

„Der will ihn fressen!"

„Wie schrecklich!", ruft .

„Kann man ihn denn nicht befreien?",

fragt bestürzt.

Der schüttelt den .

„Meine sind gleich ausgezogen.

Doch um zum zu gelangen,

muss man über hohe aus .

Und über einen , in dem kein

 fließt, sondern loderndes .

Keiner der kam da hinüber!"

„Man müsste fliegen können

wie der ", seufzt die .

„Aber wer kann das schon?"

„Wir können fliegen!", ruft .

„Und wir werden den retten!"

Das wiehert abenteuerlustig.

Der und die

reiben sich verwundert die ,

als zum hinausfliegt.

Erst fliegen sie über und .

Dann kommen riesige .

Und dort, wo sie am höchsten sind,

sind noch einmal aus .

Sie sind so glatt und glänzend,

dass sich darin

wie in einem sehen kann.

Zu kann keiner darüberkommen.

So viel ist sicher!

Hinter den raucht und flimmert es.

 schluckt.

Das ist der aus !

Die schlagen hoch bis zum .

Ist das heiß! zieht ihre hoch,

damit die kein fangen.

„Höher, höher", ruft ,

„sonst verbrennen wir!"

Das fliegt, so hoch es kann.

Hustend und rußgeschwärzt

kommen sie am anderen an.

„Das war knapp", keucht .

„Allerdings!", schnaubt das atemlos.

Staunend schaut sich um.

Bunte blühen überall.

An wachsen und .

„Ist es hier schön!", flüstert .

„Kaum zu glauben,

dass hier ein wohnt!"

Doch die großen im

können nur von einem stammen.

Vorsichtig folgen und das

den . Ganz leise, damit

der sie nicht hört!

So kommen sie zu einer dunklen .

Ob dort der wohnt?

 atmet tief ein und guckt vorsichtig

in die große .

Drinnen im liegt der

und schnarcht so laut,

dass die im wackeln.

Vom ![] ist nichts zu sehen.

Keine ![] !

schluckt. Sie sind zu spät!

Sicher hat der den

schon längst gefressen!

„Los, wir fliegen zurück", seufzt .

Sie will gerade aufs steigen,

als es leise ruft: „Hallo, hier bin ich!"

 schaut sich um.

Da entdeckt sie einen ,

schmal und glatt wie eine und

höher als alle und ringsum.

Und auf dem steht der

und winkt ihnen zu.

Beinahe hätte laut gelacht,

so froh ist sie. Doch sie schlägt sich

schnell die vor den .

Psst! Nur den nicht wecken!

Mit dem fliegt

auf den hinauf zum .

Ein steht dort, ein und

ein . Und auf dem steht

alles voll mit lauter und .

Darin sind , , ,

 , und vieles mehr.

„Der ist ja nett zu dir!", staunt .

Doch der schüttelt den :

„Der will mich nur mästen,

damit ich dick und kugelrund werde.

Dann schmecke ich ihm noch besser!"

„Dann los, nichts wie weg!

Komm, steig auf!", ruft . Das

stibitzt schnell noch etwas .

„Das bringt doch nichts! Der wird

uns verfolgen!", jammert der .

„Fliegt lieber ohne mich!"

„Kommt gar nicht in die !", ruft .

Sie überlegt. „Und was wäre,

wenn der nicht mehr fliegen kann?"

Der strahlt: „Dann kommt der

nie mehr über den aus ,

und alle wären für immer vor ihm sicher."

„Habt ihr ein ?", fragt der .

„Ich schlage dem die ab."

„Die wachsen doch nach!",

schnaubt das ungeduldig.

„Aber ich weiß, wann ein nicht

mehr fliegen kann", wiehert das .

„Man muss ihn kitzeln!

Wenn man kitzelt, lachen sie.

Und sobald lachen,

können sie nicht mehr fliegen. Nie wieder."

„Worauf warten wir?", ruft .

Sie reicht dem ihre

und zieht ihn aufs .

Der schläft und schnarcht

immer noch in seiner .

„Wir haben echt ", kichert leise.

„Sonst ist es nicht so einfach,

einen zu kitzeln!"

Sie schleichen zum großen .

, das und der

stürzen sich auf den schlafenden

und kitzeln ihn am ,

in der und an den .

„Hi, haha, hohoho!", lacht der .

„Aufhören, sofort aufhören!"

Seine blitzen gefährlich.

„Ihr verfluchten ! Ich fresse euch!",

brüllt der wütend.

Blitzschnell springen und

der auf den des ,

und schon fliegen sie los.

Der fletscht seine

und breitet seine riesigen aus.

Er will fliegen, doch er kommt nicht hoch.

„WooOAAH!", brüllt er und speit .

Doch dafür ist es zu spät:

Die drei fliegen schon hoch am .

Von oben winkt dem

noch einmal zu. „Reg dich nicht so auf!

Du hast doch noch genug zu essen da.

Wie wär's mit oder ein paar ?"

„Oder ?", wiehert das .

Es hätte nämlich gerne noch

etwas mehr davon genascht.

Dann fliegen sie über das und

zurück zum des .

Jetzt ist im niemand mehr traurig.

Alle jubeln und lachen:

„Hurra, der ist wieder da

und der für immer besiegt!"

Die lacht und der strahlt.

„Du hast unseren gerettet", jubelt er.

„Wenn du willst, darfst du ihn gleich heiraten."

 wird rot. Sie mag den .

Aber heiraten – jetzt gleich?

„Und später?", fragt der schnell.

 nickt mit dem

und lacht. „Ja, später vielleicht!"

Gefeiert wird aber trotzdem.

Der und tanzen, bis der

und die am verblassen.

Und das bekommt ,

und , so viel es will.

Die Wörter zu den Bildern:

Prinzessin Filippina

Schmetterlinge

Schloss

Pferd

Diener

Meer

Garten

Stirn

Hasen

Stern

Rehe

blaues Pferd

Eichhörnchen

Welt

Füchse

Wolken

Stadt

Ritter

Straßen

Berge

Kinder

Eis

Fahnen

Fluss

Königin

Wasser

König

Feuer

Drache

Augen

Prinz

Fenster

Taschentuch

Wiesen

Kopf

Wälder

Spiegel

Spuren

Fuß

Sand

Flammen

Höhle

Himmel

Bett

Schuhe

Tassen

Ufer

Schrank

Blumen

Felsen

Palmen

Säule

Kokosnüsse

Bäume

Bananen

Hand

Mund   Tüte

Stuhl   Schwert

Tisch   Flügel

Teller   Schwein

Schüsseln   Bauch

Hähnchen   Nase

Schokolade   Mistkäfer

Würstchen   Rücken

Kuchen   Zähne

Gummibärchen   Mond

Die kleine Prinzessin und das blaue Pferd im Land der Riesen

Die kleine Prinzessin Filippina

wohnt mit ihrem alten Diener

in einem kunterbunten .

In ihrem spielen

und mit freundlichen .

Bunte blühen überall.

Und an den wachsen

 aus purem .

Mit den goldenen kann man

alles kaufen, was man will.

„Aber kann man

nicht damit backen", seufzt der .

„Dann kaufe ich in der ",

sagt sofort und steigt auf ihr .

Ihr ist anders als alle anderen .

Blau ist es wie das ,

es hat goldene ,

und es kann fliegen!

Rabenschwarze ziehen auf.

„Bleibt lieber hier!", warnt der alte .

„Ein bisschen macht uns

doch nichts aus!", lacht .

Und schon fliegt das los.

Seine blaue weht wild im .

Doch die dunklen

bringen nicht nur .

Tausende zucken.

„Oh nein!", ruft erschrocken.

Ein riesiger rast heran.

Ehe sich und das versehen,

packt sie der ,

wirbelt sie wild im herum

und trägt sie weit, weit fort.

Endlich purzeln

und das auf die .

„Au!" reibt sich den .

Erstaunt schaut sich um:

Die hohen sehen ja aus

wie riesige bunte !

 macht große

und wundert sich.

Wo gibt es denn so etwas?

Plötzlich stellt das

die auf.

Da raschelt doch was!

Eine schießt

zwischen den hervor.

Sie ist so groß wie ein !

Entsetzt weicht zurück.

„Schnell, steig auf!", drängt das .

Die faucht und schnappt zu.

Daneben!

Puh! 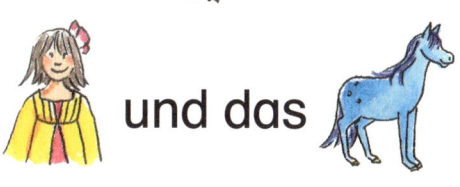 gehabt!

konnten gerade noch entwischen.

Sie fliegen zwischen

den riesigen herum,

als plötzlich die bebt.

Das ♥ von wummert

wie ein .

Denn da kommt ein !

Ein , hoch wie ein !

So schnell es kann,

fliegt das davon.

Doch der hat sie schon entdeckt.

Mit seinen riesigen

stapft er ihnen hinterher

und fängt sie – wupps –

einfach so mit der bloßen .

Der glotzt sie neugierig an.

„Hoho! Was sind das denn

für komische ?", grölt er.

„Die nehme ich mit!"

Der bringt und das

in seine alte graue .

Dort sperrt der die beiden

in einen leeren ein

und holt ein .

Das ist groß und scharf.

 schluckt.

Oje, jetzt ist ihr klar,

was der mit ihnen vorhat:

Er will sie fressen!

rüttelt am .

„Bitte, bitte, friss uns nicht!"

Der macht große .

„Ich euch essen? Schmeckt ihr denn?"

Zack, schneidet er einen klein.

Eine steckt er durch das .

„Hier, für euch!"

„Danke", murmelt verwirrt.

Da klingelt es.

Der läuft zur .

Kurz darauf kommt der zurück.

In der schwenkt er einen .

„Hurra!", johlt er und tanzt.

„Ich hab noch nie einen bekommen!"

Er reißt den auf.

Der stutzt.

Ratlos dreht er den in den .

„Ich kann doch nicht lesen",

murmelt er traurig.

„Ich kann lesen!", ruft .

Der lacht.

„Papperlapapp, du bist doch viel zu klein!"

„Von wegen!", ruft empört.

Der hält den an den .

 kichert leise:

Der hält ihn verkehrt herum.

LIEBER RIESE,
ICH MAG DICH!
SCHREIBE MIR BITTE,
WENN DU MICH
AUCH MAGST.
DEINE
RIESIN

Als den vorliest,

kriegt der ganz strahlende   .

„Die mag mich!",

lacht er und hüpft auf und ab.

Doch schon seufzt er wieder.

„Ich kann auch nicht schreiben!"

„Dann schreib ich einen für dich",

sagt . „Aber dafür lässt du uns frei!"

Der öffnet sofort den .

Dann sucht er und einen .

Der ist groß wie ein .

 kann ihn kaum halten.

So dauert es, bis der fertig ist.

Der steckt den

gleich bei der in den .

Dann kauft er einen großen

und ein paar für die .

Pünktlich um 3 ist die da.

„Wie wunderbar", jubelt der

und macht ganz schnell die auf.

„Komm rein, liebste !",

ruft er aufgeregt.

Die wird ganz rot.

„Aber gerne, liebster ", lispelt sie.

Der reicht ihr die

und führt die zum .

und das sind auch eingeladen.

Sie sitzen auf dem ,

nippen von der heißen

und erzählen, wie sie losgeflogen sind,

um zu kaufen.

Und wie der

sie hierhergeweht hat.

„Ach, ihr braucht ?",

fragt der freundlich.

Schnell flitzt er in den

und pflückt und .

Doch die sind viel zu schwer!

Nur zwei

kann gerade so tragen.

„Danke! Das gibt einen tollen ",

freut sich . Dann seufzt sie jedoch:

„Nur, wie kommen wir zurück?"

„Ich weiß, wie!", lacht die .

„Wir pusten einfach."

Sie gehen in den .

Vorsichtig setzt der

 und das

auf seine flache .

„Macht's gut!", sagt er noch.

Er und die pusten, so doll es geht.

Ein wahrer packt die beiden,

wirbelt sie im herum

und trägt sie weit, weit fort!

Sie landen gar nicht weit

vom kunterbunten .

„Da seid ihr ja endlich",

ruft der alte erleichtert.

Und auch die ,

und laufen freudig herbei.

„ haben wir nicht, aber !",

lacht . Der alte staunt

über die riesigen und bäckt

den besten der .

Bei und erzählt ,

wie der sie fortgewirbelt hat.

Sie berichtet von , groß wie ,

von der riesigen

und von den verliebten ,

die sie zurückgepustet haben.

Der alte schüttelt den .

Wären da nicht die riesengroßen ,

er hätte fast nicht geglaubt.

Die Wörter zu den Bildern:

Prinzessin Filippina

Bäume

Diener

Apfel

Schloss

Gold

Garten

Apfelkuchen

Rehe

Stadt

Hasen

Pferd

Füchse

Meer

Blumen

Hufe

Wolken

Regen

blaues Pferd

Mähne

Wind

Blitze

Wirbelsturm

Kreis

Erde

Po

Augen

Ohren

Eidechse

Krokodil

Schwein

Herz

Presslufthammer

Riese

Turm

Stiefel

Hand

Vögel

Burg

Käfig

Messer

Gitter

Apfelscheibe

Tür

Brief

Umschlag

Riesin

Papier

Bleistift

Baumstamm

Briefkasten

Kuchen

Uhr

Tisch

Schokolade

Kirschen

Kirschkuchen

Welt

Kaffee

Kopf

Mein LeseBilderbuch

Lilia, die kleine Elbenprinzessin
Das verzauberte Einhorn
978-3-401-71690-9

Paulina, die kleine Wiesenhummel
978-3-401-71586-5

Die kleine Waldfee und die Zauberblume
978-3-401-71633-6

Juli Löwenzahn
Zwei Freunde und das größte Abenteuer der Welt
978-3-401-71649-7

Jeder Band: Ab 5 Jahren • *Mein LeseBilderbuch* • Durchgehend farbig illustriert • 56 Seiten • Gebunden • Format 17,5 x 24,6 cm

Mit Bücherbärfigur am Lesebändchen

Bilder ersetzen Namenwörter

Große Fibelschrift

Viele farbige Bilder

Innenseite aus »*Paulina, die kleine Wiesenhummel*«
978-3-401-71586-5

Mit Bildern ganz spielerisch lesen lernen! In spannenden Geschichten um eine liebenswerte Figur können schon Kindergarten- und Vorschulkinder von Bild zu Bild mitlesen. So prägen sich Wörter leicht ein und das Lesenlernen macht Spaß!

Empfohlen von westermann

Der Bücherbär
1. Klasse

Themengeschichten mit Silbentrennung

Erdbeerinchen Erdbeerfee
Lustige Zaubergeschichten
978-3-401-71691-6

Ponygeschichten
978-3-401-71568-1

Tilda Apfelkern
Freundschaftsgeschichten
978-3-401-71572-8

Schulgeschichten
978-3-401-71563-6

Jeder Band: Ab 6 Jahren • *Themengeschichten mit Silbentrennung* • Durchgehend farbig illustriert • 48 Seiten • Gebunden • Format 17,5 x 24,5 cm

Große Fibelschrift und Zeilen-
trennung nach Sinneinheiten

Mit Silbentrennung

**Mit Bücherbärfigur
am Lesebändchen**

Einfache Geschichten
mit kurzen Zeilen

Viele farbige
Bilder

„Hier sind meine Gespenster-Vögel",
flüstert Flo und kichert.
Die Vögel sind aus Papier
und sehen so gruselig aus.
Mit ihren roten Augen!

Emma klettert auf einen Stuhl
und hängt die Gespenster-Vögel
an eine Wäscheleine.
Einen nach dem anderen.

Lautlos schweben sie
durch den Raum.
Wie Geister
aus einer finsteren Welt.

28   29

Innenseite aus *»Schulgeschichten«* ISBN 978-3-401-71563-6

Diese Reihe ist auf die Fähigkeiten von Leseanfängern abgestimmt: Übersichtliche Leseeinheiten und kurze Zeilen sind ideal zum Lesenlernen. Das Hervorheben der Sprechsilben hilft dabei, ein Wort richtig lesen und verstehen zu können.

Empfohlen von ***westermann***